JN408971

이름없는
詩人의
外出

올챙이의 번지점프

이름없는 詩人의 外出

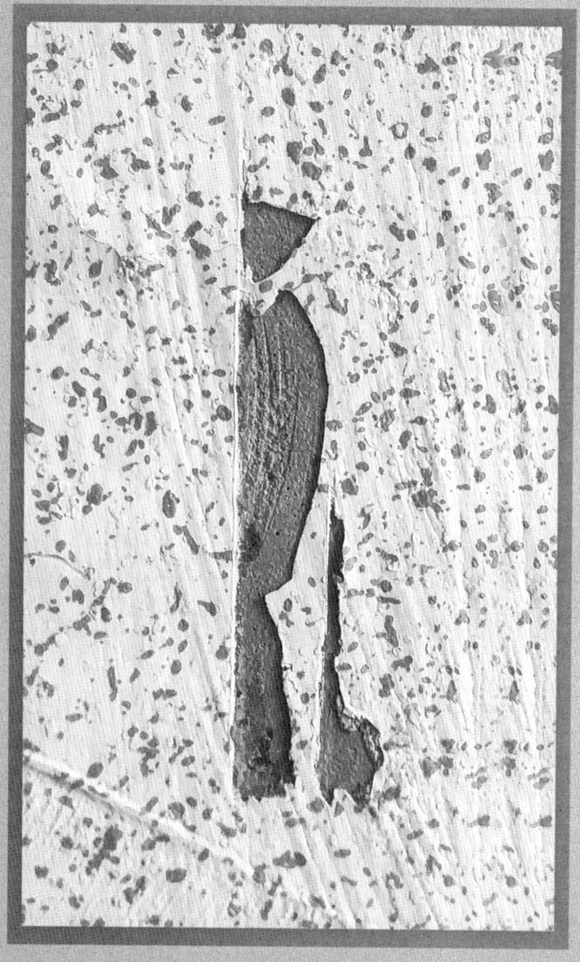

洪起殷 詩集

도서출판 천우

● 시인의 말

자신에게 정직하자!
정직하자.
지금까지 그래왔던 것처럼
가식도 없이
있는 그대로.

정직하자.
그러면
행복하리
있는 그대로 보여주고
꾸미지 말고.

냄새나면 어떠냐
자연스럽게
보여주며 살자.

나는 시인이라고들 하더라.
그러나 나는, 늘상 애매한 생각을 가지고 산다.
왜?
나는 시를 수필처럼, 산문처럼 쓰고,

산문이나 수필을 시처럼 읽으니까.
단락이나 문단배열이 짧으면 시요,
조금 길면 산문이고 수필인 거다.
나는
시인이 아니고 글을 가지고 실험하는 실험쟁이다.
미국 영국 말을 잘 하려면, 영어에 미쳐야 하고,
시를 잘 써 내려가려면 시에 미쳐야 하는데,
나는 시인이라 하지만 시에 미치지 못했고,
갓 부화한 올챙이라 그런지
아직도 시가 무언지 잘 모른다.
하여 나는 시를 수필처럼,
혹은 산문처럼, 쓰고 있는지도 모른다.
핑곗거리 만들어 부끄럽지 않게,
그리고 정직하게……

2023년 12월 어느 날

홍기은

제1부

가족(家族)이라는 울타리

제2부

청춘연민(靑春憐憫), 그리고 자화상(自畵像)

제3부

사색(思索)의 창(窓)

제4부

내마음속 고향(故鄕)과 조국(祖國)

제5부

창밖의 시선(視線)

제1부

가족(家族)이라는 울타리

엄마와 누룽지

"저리 안 가나? 사내 자슥이!"
엄마의 호통에
풀 죽어 시무룩해진 아이
그래도 부엌 앞에서 얼쩡거린다

그 모습이 안쓰러웠을까?
엄마는 아이를 불러
솥에서 방금 긁어낸 누룽지를
물 묻힌 손으로 정성껏 주물러 뭉쳐
두 덩이를 손에 건넨다

"좀 있다가 저녁 먹자!"라는 말이
뒤 정수리에 도착하기도 전에
아이는 금세 골목으로
쏜살같이 내달리고 없다
누룽지 두 덩이를 손에 쥐고…….

양손에 누룽지 두 덩이를 들고
등장한 동네골목
누룽지가 상당한 위력을 발하니
녀석은 동네 꼬마들의 대장으로 등극한다.

좀 전까지 시무룩했던 기분은
온데간데없고
아이는 작은 동네 골목을 접수한
코딱지들의 위엄 있는
대장이 된 것이다

명령이 발동하고 지시가 먹힌다
나눠 먹인 누룽지 두 덩이는
최고신분임을 나타내는
임명장이고
부대를 지휘하는 지휘 예도인 것이다

코딱지 아이의 누룽지는
풀죽은 당신 아이의 마음을 살핀
엄마의 배려가 내린 축복이며
이 세상 누구보다도
아이를 행복하게 만든
엄마의 누룽지였던 것이다

이뻔이었던가?
새카맣게 탄
고구마 한 덩이가 그랬고

갓 쪄낸 쑥버무리가 그랬으며
삶아 낸 감자며 옥수수가 그랬다

예전엔 그랬다

부엌은 엄마만의 전용구역이고
사내에게는 금단의 구역이었지만
문 앞에서 얼쩡거리기만 하면
먹을 것은 어김없이
엄마 손에서 건네졌으니
엄마의 자식사랑이 건네진 것이다

아이가 장성하여 가정을 이루고
아이들의 아버지가 되었으나

엄마는 저 높은 하늘에 계시고
제일 밝게 빛나는
별이 되신 것이다

그때의 아이는 지금도
엄마를 그리워한다.
언제까지나 그리워할 것이다

마누라와 멍게비빔밥

멍게를 잘게 썰어
야채와 초고추장을 내놓는 게
점심으로 비벼 먹으란 모양이다

밥 넣고 초고추장 넣고
적당히 야채와 버무려
한 술 뜨니 진미다

"맛있나?"
"아니!"
그 말에 마누라 숟가락 들고 덤벼든다

나는 맛있는 건 늘 거꾸로 말하니까
당연히 덤빌 수밖에

서 너 숟갈 퍼갔는데도
여유가 있는 듯하여
"더 물래?" 하니 "아니!"란다

휴~ 천만 다행이다
마누라가 또 퍼 갔더라면
모자랄 뻔했다

이럴 땐 마누라가 참 고맙다
다른 때도 좀 그리 해주지
미워할 수 없는 내 마누라다

아들과 나의 호 '秋天'

아부지!
와?
'추천'이 뭐유?
아부지를 추천해 주라고?

아들놈이 짓궂게
비아냥거리며 묻는다

야 이놈아!
그건 네 아부지 호다
글쟁이 호라는겨

호?
호는 또 뭐유?
다시 되묻는다.
이놈을 그냥…….

뻔히 알면서도
약 올리듯 물어보는
이놈을 어찌하리.

얄미운 놈
그래도 나는 이놈을 매우 사랑한다.

영감(靈感)과 총각 사이

막내 딸 봉다리랑
자리에 누었다가
주섬주섬 옷가지 챙겨 입고
담배 봉 하나 들고 문 열고 나서는데

퉈 퉁 수에 대고 마님 왈
"오밤중에 어디 가시우?" 한다

"시상(詩想)이 떠올라 정리 좀 하고 올 겨"
하고 대꾸하니,

휴가차 집에 온 딸 한 마디 거들며
"영감이 떠올랐슈?" 한다
"아니, 총각 만나러 간다!"

시집 안 간 아가씨의 "영감(靈感)"소리에
"총각"이란 단어로 대꾸한
내 재치가 이뻐서,
엘리베이터 내려가는 내내
실없는 웃음만 자아낸다.

뒤바뀐 운동화 끈

간만에
마누라가 운동화를 씻어 줬다
하도 발품을 파니
발이라도 편히 다니라고…….

호들갑스럽게
끈을 끼우고 조이려니
얼래?
좀 모자란다
혹시 마누라가?
그럴 리야…….

아뿔싸! 아니구나.
끈이 뒤바뀐 것도 모르고
내가 먼저 메고 말았으니
다시 물려주랄 수도 없고
낭패로다,
이 일을 …….

하기사
마누라 운동화도
내 것과 똑같은 모양에
크기만 좀 다를 뿐이니 그랬나 보다
그래도 좀 억울하다.

별이 된 아이 봉다리

(1)
마음으로 낳고
가슴으로 키운 너를
해질녘에 보내고
아프고 저린 마음 숨긴 채
나는 돌아서 왔단다.

별이 되고 싶었던 너
결국 별이 되었구나

슬프더냐?
울어 주는 이
청개구리밖에 없더냐?

너 먼 길 떠나는데
그 혼자 울어 주더냐

봉달아!
삼순이랑 같이 잘 살아

잘 가거라
아버지는 늘
너를 찾을 것이니…….
(2023. 9. 28. 16:00 별이 된 내 아이 봉다리)

(2)
번호 키 기계음 현관문 열리면
맑디맑은 눈망울
총총걸음으로
한달음에 반겨 맞아주던 너

강산이 바뀌도록
애환도 많았건만
너 없는 텅 빈 공간이 너무 넓구나

덩그러니 나만 두고 홀로 떠난 너

무에가 그리도 바빠
작별 인사 한마디 없이
갔더란 말이냐?

아프면 아프다고 말이라도 하지
그 한마디 없었더냐?

아버지 걱정할까
오롯이 네 속으로만
품고, 참고 견디었더란 말이냐?

아버지는 너를 잊지 못하니
언제라도 오고 싶을 때
나 너를 반겨 맞을 것이니
해맑은 모습 그대로 다시 오거라

(3)

이틀 동안 머리맡에 두었던 봉다리 유골을 할머니 곁에 안장해 주고 왔다. 행복으로 왔던 아이 별이 되어 떠났다.

어머니 당신께서야 뜬금없이 얼굴도 모르는 웬 손녀냐고 물으시겠지만, 착하고 예의바른 아이라 천상길 심심하신데 길동무하시라고, 말씀 드렸다. 평소에 가지고 놀던 꾹꾹이는 땅바닥 냉기 돌까봐 깔아 주고, 평소에 지 놈이 먹던 밥그릇

하나도 넣어 주고, 흙을 고이고이 다져 주었다. 새벽부터 비가 추적~ 추적 내린다. 아마도 봉다리를 아끼는 하늘의 사랑 베품 아니겠냐고 이해를 하지만, 유골을 묻어 놓고 돌아서는 발걸음도 무거운데, 비는 계속 내리고…….

병원엘 갔지만, 시집도 안 간 아가씨라, 그 동안 많이 아팠었음에도, 아버지한테는 한 마디 칭얼거림도 없이, 지놈 속으로만 삼키고 있다가, 끝내는 이겨 내지 못하고 갔단다. 별이 된 아이를 화장하고, 유골을 다문 이틀이나마 머리맡에 두고 있었음에도 불구하고, 30여 평 정도밖에 안 되는 작은 공간이 텅 빈 듯 허전하고 이렇게도 너른가 싶다. 어디라도 다녀올라치면, 어디 가냐고 종종걸음 앞장서던 놈, 다녀와 현관문 키 버튼 누르면, 아버지인 줄 알고는 해맑은 얼굴로 문 앞에서 기다려 있던 놈, 나는 너를 언제까지나 잊을 수가 없을 것이다.

네가 나한테 온 것이, 2012년 6월 여름이었으니, 강산이 한 번 바뀌고도, 꽤나 시간이 더 흐르도록 같이 했고, 그 동안 미운 정 고운 정 다 들었건만, 너는 아버지만 덩그러니 두고 혼자 갔구나.

봉달아!
천상 길은 멀고 멀단다. 하지만 할머니 손잡고 동무삼아 가려무나. 할머니도 널 무척이나 이뻐해 주실 것이야. 그리고 넌, 해마다 추석 때면 할머니 손잡고 아버지를 찾아 올 것 아니더냐. 네가 맛있게 먹던 고기랑 음식들 차려놓으마. 꼭 와야 한다. 알겠지?

막내 "봉다리"를 보내고

낙엽이 진다
한 잎
두 잎

노을이 진다
서편 산 너머로

길가의 코스모스 흐드러지게 피었고
금목서
은목서도 피었구나!

강바닥을 구르는 물처럼
허공을 흘러가는 구름처럼
너는 떠나고

나만 홀로 덩그러니 남아
마음 줄 곳 없어 허전하고
복작이며 너랑 놀던
공간이 너무 넓구나

떨어진 낙엽이야

내년 이맘때엔 다시 올 테고
피었던 꽃 져도
다시 피겠지만
떠나간 너는 다시 보지 못 하겠구나

굴러간 물처럼
흘러간 구름처럼……

그렇다 하여도
아버지는 너를
늘 기다리고 있으마
오고 싶을 땐 언제고 다시 오거라

엄마의 동동구리무

엄마 방
당신만의 작은 소꿉 공간
경대에

늘 빠지지 않게 자리하고 있던
하얀 동동구리무

동동구리무에는
엄마의 향기가 들어 있고

옆집 순이의 화사한 얼굴도
동네어귀 점방집의
커다란 숙자얼굴도
들어 있었지

앙증맞은 작은 통에 담겼던
하얀 동동구리무

당신께서 아끼고 아끼셨던
그 동동구리무를
이제 다시는 볼 수 없구나

편지

– 봉다리 49제에 부치는 편지

봉달아!
잘 있었어?
춥지는 않았고?
네가 아버지 혼자 남겨두고
길 떠난 지
오늘로 49일이 되는 날 이란다.

할머니랑 같이 있으니
심심하지는 않았을 게야

오늘은 네가 좋아하던
새우깡 사왔단다
맛있게 먹거라
짜요며 참치 캔도 가져왔으니
두었다가 먹으렴

날씨가 시나브로 추워진단다
할머니 담요도 챙겨드리고
네가 잘 하던 꾹꾹이도 하면서
할머니 곁에 있으면
춥지 않을 게야

아버지는 네 생각
참 많이 했는데
너도 아버지생각 했었지?

이제
아버지 돌아갈 시간이란다

혹여 집에라도 오면
현관문 번호알지?
누르고 들어오려무나
네가 좋아하던 언니방
오빠방도 가보고
알았지?

아버지 간다
따뜻한 날 다시 오마
잘 지내거라

–막내딸 봉다리에게 아버지가–

봉이 생각

까맣게 밤하늘 열리고
마당에 널린 참깨마냥
별이 한가득

큰 놈도 있고
작은 놈도 있구나

큰 놈이 내 별이고
작은 놈은
네 별이더냐

오늘 밤에도 서리는
소리 없이 내리고
클로버 잎사귀엔
자잘한 얼음과자 열릴 터니

아침 일찍 발품 나가면
어여쁜 놈으로 골라
앙증맞은 사진첩 만들어
너한테 주마
할머니랑 같이 보면 되겠다

차가워진 밤바람에
아버지는 네놈 걱정 앞서는데
네놈은
아버지 생각하고 있을까

-겨울밤 봉다리 생각에-

지울 수 없는 흔적

어느 날 홀연히
너는 떠났지만
나에겐 지울 수 없는
흔적 남았으니

어디를 다녀와
현관문 버튼키 눌러도
익숙한 소리에 달려 나와
반겨줄 이 없어 공허하단다

어쩌다 혼자되어
집에라도 있는 날이면
작은 공간 한바다 같아
썰렁하기 그지없고

뻥 뚫려 구멍난 채
허전함만 가득한 내 가슴
생각날 때 보라고 남겨두고 간
사진들만 흔적으로 자리하고 있구나

치우지 않고 방안에 둔 케이지엔
아직도 네가 앉아 있는 것 같고
생선이라도 굽는 날이면
네 생각부터 난단다

너는 나에게
너무나 큰 흔적을 남겨주고 갔구나
아버지 나를 잊지 말고
언제까지라도 기억해 달라고…….

무인도에서 보낸 10월의 마지막 밤

(1)
서쪽에 자리한 섬 너머로
석양이 지고
바다 위에 내려앉은 적막
하늘엔 어느새 별들이 가득하다

흙 한 줌 풀 한 포기 없는
모섬과 단절된 무인도
간간이 눈신호를 보내는
바다 위 등댓불은 선명하고
제법 서늘한 바람이 분다.
10월의 마지막 밤

눈길 한 번 주지 않음이
못내 서운하였던가!
바위에 화풀이만 해대던 파도는
포말 되어 흩어지며 시위하고

얇은 옷 안 살갗으로 스며드는 추위
잊어 보고자 하늘의 별만 헤어 보지만

엄습해 오는 피곤은
나이 들었음만 탓하게 한다.

(2)
바다 한 가운데
낯선 사람 머리 위를 맴돌던
솔개며 말똥가리조차도 잠든
조용한 밤

돌 바위섬은 한적하기만 하고
간간이 등 뒤의 모섬을 돌아오는
작업 배 소리는
너울이 일으켜 놓은 파돗소리에
묻히고 만다.
수평선 가장자리 너머로
스쳐 지나가며 부서져 버린 유성위로
반짝이는 별 하나

"왜 이리 늦으셨냐?"는 책망보다
반가움이 앞서는 듯

"아버지 오셨소?"라며 해맑음으로 버물린
다섯 조각 빛이 내 온몸을 감싼다.

"그래 이놈아,
너도 아부지가 보고 싶었더냐?"
목메인 화답을 해 주고
옷소매로 아미 닦을 적

나를 위로 하는 듯
먼 길 떠나며 보내 온
나지막하고 묵직한 화객선기적 소리
엄숙한 밤바다로 퍼져간다

(3)
시각이 삼경을 지나고
두 어 모금 들이킨 소주기운과 함께
명멸하던 별들조차도 잠든 새벽녘

머리위에 빛나던 녀석조차도
"아버지 이제 갑니더!"하며
손을 내밀 적

바다 위 금가루 은가루 뿌려 장식하던
달마저 서쪽으로 부리나케 달려가고
어느새 동쪽 수평선은
붉은 기운이 감돌기 시작한다.

"그래 조심히 가거라"며
나는 또 한 번의 손수건 질을 하고

이렇게 부녀상봉시간이 끝날 시각
내 딸과의 소중했던 추억을 핑계 삼아
들이키고 삼켰던 소주기운에
잠시 잊었던
눈꺼풀이 무거워 온다.

"아부지 간다!"
"또 오마…"하는
또 한 번의 허망한 약속만을 남기고

나를 데리러 온 배에 몸을 맡기며
웅웅거리는 기관소리 자장가로
몰려드는 잠에 빠질 적

10월의 마지막 밤은 끝나가고

멀어져 가며 손을 흔드는
봉다리의 환한 얼굴이
오늘따라 더욱 이쁘다

제2부

청춘연민(靑春憐憫), 그리고 자화상(自畵像)

사랑방 아이들과 보리개떡

또래 아이 너댓 명이
사랑방에 모여앉아
오늘은 무슨 제작스런 일을 벌일지
궁리 중이다

슬레이트 지붕 위로 내리는
여름 장맛비
그칠 기미 없는데

댓돌 위에 올망졸망 놓인 신발 위로
복실이가 졸고
외양간 소망이는 눈망울만 끔벅인다

6월엔 유월본디가 제 맛이라는데
오늘은 보드라운 보리딩겨에
밀가루 보태고 본디 섞어 넣어
보리개떡 쪄 먹자하며

영숙이는 보리딩겨 담당
기현이는 이스트
정순이는 본디를 따온다며 나가고

기은이는 엄마부엌에
치자를 가지러 간다.

자고로 부엌담당은 여자들 몫
소란스런 시간이 흐른 뒤
보리개떡 다 되었는지
구수한 냄새에 제법 군침이 돈다

빙 둘러 앉은 가운데
보리개떡 놓이고
네고 내고 할 것 없이 손들이 오가고
집어 든 보리개떡 입속을 드나들 때
웃음 띤 아이들 얼굴엔
아름다운 추억이 열렸다

영숙이는 더 크면 간호사가 될 거라 하고
기현이는 사업가,
정순이는 가게를 열 거라 포부를 여는데
기은이는 공무원을 할 거란다

두런두런 아이들의 이야기가 한창일 때
장맛비 잠시 멈추고

개인 여름날 오후
강 건너 산 위로 무지개가 예쁘고
아이들의 추억도
익어만 간다

나는 아픈 만큼 성숙해질까

나는 글을 쓴다
정확히 말해 짧은 글 시를 쓴다
그러나 내가 쓴 시는
맛이 전혀 없다

그러다 보니
사람들은 나를
시인이라고들 하지만
나는 나를
시인이라고 하지 않는다

내가 쓴 시에는 아직
맛이 없고 감동이 없기 때문이다

뚝배기도 장맛이라 했는데
아직은 그런 맛이
담기지 않은 것 같다

내가 이런데
내 글을 읽어보는
다른 분들은 어떨까?

진한 울림이 있을까?
가슴 뭉클한 감동이 전해질까?

자괴감마저 든다.
그냥 감흥 없이 써내려간
고통의 맛이 담기지 않은
그런 시라서 그럴까?

곰삭히지 않은 맹탕 맛은
언제쯤 진국이 될까?

쥐어 짜낸다고 진국이 되는 건
아니지만
하더라도 그 흔적은
배어 있어야 되건만
그러하질 못하니 참으로 부끄럽다

아직은 개구리가 못된
올챙이라 그렇다고 핑계대고 싶지만
너무 빤한 핑계인지라
얼굴이 후끈거린다

나는 과연 시다운 시를
언제쯤 쓸 수 있을까?

가슴이 먹먹하고
울림이 있고 시울이 따가워지는
감동이 전해지는 시를…….

이 아픈 고뇌는
언제쯤 내 글에 담겨서
맛깔나는 모습으로 나에게 다가올까
언제쯤.

어느 가수의
'아픈 만큼 성숙해지고'라는
노래제목이 생각난다.

나는 언제쯤
성숙하게 시를 써 내려갈 수 있을까?
아픈 만큼 성숙해질까?

35번 시내버스의 두근거림

오늘도 나는
35번 시내버스를 기다린다

굳이 그 차 아니어도
갈 수 있는 구간에
나는 꼭 35번을 고집한다

그것도 거의 매일
같은 시간대에 오는
그 차장아가씨가 타고 오는 차만
기다린다

예쁘진 않지만 상냥하고 복스럽던
차장아가씨가 타고 오는
35번 시내버스를…….

호주머니에는
25원짜리 승차권 한 장을 넣고서

나는 시내버스를 기다린 것이고
35번 버스를 기다린 것이다

아니 정확히 말해
상냥한 차장아가씨를
기다린 것이다

도착시간 지나고
기다리던 35번 버스는 왔지만
내가 기다린 차장아가씨는 보이지 않고
다른 차장아가씨

웬일일까?
오늘 쉬는 날일까?
어디가 아플까?
그만두었을까?

만 가지 생각이 떠오르고
올라탄 버스 안
대신 온 아가씨한테 말을 건넨다.
그 아가씨 오늘 왜 안 보이냐고

더듬더듬 물으니
섬에서 부모님 오셔서 쉰다며
내일은 근무할 거란다

내일은 볼 수 있단다.

콩닥 콩닥 가슴이 뛰고
괜시리 두근거리기조차 한다
내일은 볼 수 있단다
좋아라!

청춘시절
25원의 그런 두근거림이 있었다.

애늙은이의 작은 행복

오늘도 녀석은 뒷짐을 진 채
골목길을 누빈다.
얼굴엔 홍조 가득
고작 네댓 살의 어린 녀석이,

그런데 이 녀석은
만나는 어르신들께
빠짐없이 인사를 올리니
미워할 수 없고

녀석의 하는 모습이
그저 우스꽝스러워 보일 뿐이다

그런 녀석을 두고
동네 어르신들 한마디씩 거드신다.
"저놈은 담에 국회의원 할 겨."
"저 놈은 다음에 장군이 될 겨."

그러던 애늙은이가
이제 진짜 늙은이가 됐다

국회의원 장군 할 거라던 그 녀석은
국회의원 장군은 고사하고
당상관도 못 미쳤지만
국가의 녹은 먹었다

어르신들 보신 눈이
그렇게 빗나간 건 아니었으니
그만으로도
녀석은 지금 행복하다

열심히 앞만 바라보며 일하곤
명예롭게 퇴직한
작은 행복이지만.

종착점

하늘이 짓궂다
비라도 한 바탕 내릴 모양
내 발걸음 빨라지고
마음이 급해진다

집 나설 때는
천천히 걸었었는데
그깟 비가 뭐라고
조바심이 난다

백수가 집에 간들
딱히 할 일 없으면서
그깟 비가 뭐라고
천천히 가자

세월이 좀먹는 거 아니라더라.
천천히 가자
천천히 가도 언젠가는 당도할
종착점이 아니더냐!

가슴 속에 묻어 둔 말

하고 싶은 모든 말들은
책의 갈피마다 마다에 있고

나는 그저
묵묵하게 있을 뿐입니다

부질없는 행위라고
탓하지 말며

오늘 지나면 잊혀질
내 마음의 진실을

알아나 주길 바라는
간절한 마음으로…….

부치지 못한 엽서

"받는 사람 : ○○대학교 ○○처 ○○과
구○○

3월 2일 토요일
W.T
14:00 시간엄수

원금에 대한 이자상환(복리)
본인 직접수령요망
1985. 2. 27"

오래된 낡고 빛바랜 책갈피 속에서
발견한 엽서 한 장

차마 부칠 수 없었던 엽서 속에
알 듯 말 듯한 글들이
지나간 추억을 회상케 한다.

지금은 시간이 흘러
도무지 요해가 안 되는 단어들 나열이지만
그때는 서로가 통했던 비문(祕文)이었겠지

젊은 날 청춘시절의 많은 추억들이
주마등처럼 스치고 지나간다.

나한테도 그런 날들이 있었나 보다
그 엽서 곱게 간직해야겠다.

청춘날의 자화상을 찾아서

공허하게 비어 있는
마음 한구석 채우고자 찾은
한적한 시골 찻집

귀에 익은 잔잔한 음악이 흐르고
붉게 물든 저녁노을이
아름답다

청춘시절
젊은 날의 자화상을 찾아온 듯
나는 낡은 노래책을 뒤적이고

이리 뒤적 저리 넘긴 끝에 발견한
카사비앙카 "언덕 위의 하얀 집"

토요일 오후면 가끔씩 찾았던 음악다방
바쁜 DJ 불러 세워 쪽지 건네고
연이어 나오던 잔잔한 음악

시골 찻집에 그런 음악 있으리만,
나는 주인장한테
굳이 그 음악을 물어본다.

가버린 청춘 날의
잃어버린 자화상이라도
찾아볼 요량으로…….

사내의 초상(肖像)

흐른 시간만큼이나 내려앉은
먼지 털어내고
빛바랜 사진첩 들춰 봅니다

거기엔 온갖 군상들 웃고 있지만
사내는 입 꾹 다물고만 있을 뿐
무표정 굳은 모습입니다

다들 웃고 있을 때도
웃을 수 없었던 사내

무슨 번민 그리 많길래?
그는 웃을 수 없고 웃지 않을까요?

사내는
오늘날에도 사진기 앞에 서면
역시나 무표정의 굳은 모습 뿐
그 밖에 다른 모습은 없습니다.

사내는 내일도
무표정의 굳은 얼굴일까요?

그의 웃는 모습은 언제쯤 볼 수 있을까요?
사내의 웃는 모습이 궁금해집니다.

무표정의 굳은 초상 지우고
웃고 있는 밝은 모습 담긴 그런 초상을…….
그날이 언제일까요?

까까머리 풋사랑

부드럽게 건네 오는 한 마디에
설익은 사랑을 먹고

어쩌다 톡 쏘며 내뱉은 된소리에
가슴은 퍼렇게
멍이 들었었다

변덕쟁이 여름날의 날씨마냥
금방 이랬다 저랬다던
까까머리 학생 시절
종잡을 수 없이 열병 같던 풋사랑

그래도 좋았다

방 가운데 팔베개 누워
천장 올려다보면
해맑은 그 아이의 눈빛이 빛나며
홍조 앉은 볼은
탐스럽게 익은 석류 같았고

행여 마주칠까 가슴 두근거리며
휑한 신작로 자갈길 걸어도
나는 혼자이지 않았지

오늘도 그 아이는
장고방 수돗가에서
세수를 하나 보다

나도 얼른 책가방 들고
나서야겠다.

너

소리 없이 내린 어둠 사이로
가로등 불이 밝다

저 멀리
예수 탄생 기념하는
크리스마스 트리의
매달린 전등이 빛나는 밤

가을까지 숲속 지키던
소쩍새 애절한 소리 없어도
사르락 사르락 서리 내리고

검푸른 밤하늘
별들조차 추워 보인다.

빼어 문 담배연기
불빛에 하얗게 퍼져갈 때
문득 생각나는 그 이름 하나

첫 눈 내리면 만나자던 너
부질없는 약속은 까마득히 멀어져
기억조차 가물거리고

기차 타고 눈 마중도 가자던
속삭임 마저도 흩어져 가버린 지금

너는 어디에서 살고 있는지…….

이슬 묻은 풀밭에 누워
이별 네 꺼 저별 내 꺼 속살거리던
그 시절만 머릿속에 잔영처럼 깔리고
다시 한 개비 담배를 문다

후~~~
내뱉은 연기 속에
그의 얼굴 선명하다

잘 살아
그리고 건강하게 지내

단지 이 말만 할 수 있다는 것을
너는 알아나 주려는지…….

군산행 눈 여행

이리에서 군산 행 열차타고
눈길 달리니
넓디 너른 김제평야
천지가 백설로 뒤덮였다.

한참 달린 끝에 도착한 군산
짙게도 내리는 눈길 걸어
군산항 객선머리 들어서니

조금은 낯설어 보이는
일제식 건물들 사이로
2층에 작은 다방 보이고

온기라도 느낄 요량
삐걱대는 계단 올라
안으로 들어서니

립스틱 짙게 바른 다방 레지
반색하며 눈웃음 던진다.

한 달만 있으면 군입대라
눈이라도 흠씬 볼까

여행 삼아 왔는데
화장발 짙은 다방 아가씨를
먼저 본다.

눈 보러 왔는데
다방 아가씨를 먼저 보다니…….

하기사
먼저면 어떻고 뒤면 어떠리
눈이야 오면서도 봤고
갈 때 또 볼 수 있으니
그러면 그만이지 않는가?

커피 한 잔 앞에 놓고
밖을 내다보니
눈은 참 소담스럽게
정적(靜寂)만 담아 내리고

정박한 배도
오가는 사람도
모두 눈을 맞고 있다

하얗게 내리는 함박눈
가슴 가득 눈이 쌓인다.

눈은 아마도
군 입대 전야제라도 해 줄 요량인가 보다

그래 내리거라,
펑펑 내리거라,
내 마음 새하얘지도록 내리거라.

-78년 겨울 군입대전 군산 눈여행-

젊은 날의 사랑

아침에 피었다가 저녁에 지는
나팔꽃 같은
젊은 날의 사랑

짧디 짧은 찰나의 시간에도
열병 같은 가슴앓이 했고

여름날
소낙비 내렸다가 갠 날처럼
좋아도 했던 청춘시절

무슨 멋이라고
장발머리 휘날리며
전화통 붙들고 서서
동전 쑤셔 넣던 그 시절

이제는 다시
돌아올 수 없지만

오늘 서녘으로 넘어간 해처럼
내일 다시 떠오를 수 있다면

그 순진한 사랑
다시 한 번 해보고 싶다.

구름아 너는

구름아 너는
어디로 가니

앞산 너머니
저 바다 건너서니

네 가는 곳 어디라도
내님 계신 곳이거든

간절한 나의 안부
전해나 다오

저 혼자 당신 보고파
가슴앓이 하더라고

구름아 너는
어디서 왔니

저 하늘 지났니,
은하수 건너 왔니?

네 떠날 적 나의 님은
어찌하고 계시더냐?

무심하기 짝이 없는 그 님
잘 있으니 소식 전하라 하지 않더냐!

한달음에 달려가겠다.
전해달라 하지 않더냐?

150원짜리 다방 레지표 오빠들

면소재지 시골 다방

나이 지긋한
동네 어르신들 두세 분
자리하고 앉아 계신다.

어느 미장원엘 다녀왔는지
레지 아가씨 머리 촌발 날리나
짙게 바른 립스틱에
얼굴이 화사하다

"오빠!"
레지가 반갑게 어르신들한테
인사 건네는데

"엥? 이건 뭔소리?"
아버지 나이도 한참 차이 날 듯한
어른들한테
"웬 오빠?"

연이어 어르신들
“김 양아! 타 한 잔 가져오라”신다

이를 듣고 앉아있는 객은 피식 웃고
“아니, 차면 차고 커피면 커피지
타는 또 뭐이래?”

하기야
시골 촌구석
150원짜리 다방 레지표 오빠들이니
“차”가 “타”가 되었을 법하고
나도 웃을 수밖에…….

시골 다방 풍경이 야릇하다

사랑, 이별, 가을낙엽

사랑은
가을 낙엽 따라서
왔다가

사랑은 또한
가을 낙엽 따라
가버렸다

사랑
이별
그리고 가을 낙엽

참 묘하게 궁합이 맞구나

제3부

사색(思索)의 창(窓)

농막 풍경소리

나그네 귓전
농막 풍경소리 은은하니

산사 스님 불경처럼
맑고 곱다

뒷산의
뻐꾸기며 두견이에
비견이야 하랴마는

나그네 발길 멈춰
쉬어 듣는다.

와불유감(臥佛遺憾)

다솔사 경내 대양루 지나
적멸보궁 안
부처님 누워계시네

경주 불국사 대웅전에도
표충사 대웅전, 흥국사 대웅전
화엄사며 송광사에도
부처님 계시나

근엄히 앉아
은은하고 자애로운 눈빛으로
만백성을 굽어보고 계시더이다.

그런데도 왜
다솔사 부처님께서는 누워 계시옵니까?

만백성이 해탈하고
구원 받고자
우러러 보고 있사온데……

하물며 부처님!
경주 남산 마애불상이며
고성 연화사의 여래입상께서는
더더구나 서서 계시더이다.

그럼에도
부처님께서만 왜 눈감고
누워 계시나이까?

만백성이 그리도 하찮으신지요?
만백성이 그리도 만만하신지요?
누워서 눈감고 계신 부처님을
만백성들은 뭐라 할런지요?

부처님!
심히 유감입니다.

※특정 사찰과 존엄하게 모셔진 부처님을 비하하고자 하는 뜻으로 쓴 글이 아님을 밝혀 둡니다.

소쩍새

소쩍 소쩍!

비개인 밤하늘에
소쩍새 소리 구슬프다

소쩍! 소쩍!

어두운 숲속에서
홀로 쓸쓸한 너였구나.

소쩍 소쩍!

오실 님 기약 없어
마음 조려 우느냐

소쩍! 소쩍!

가신 님 그리워서
그예 슬피 우느냐

소쩍! 소쩍!

이 밤이 새고 나면
너마져 가고 없을 것을

소쩍 소쩍!

나는 또 너 기다리며
밤길 마중 나와야겠다.

코스모스의 기억

예전에 우리는
가을에만 코스모스가
피는 줄 알았다

가을엔 운동회가 있었고
빨강은 청군
흰색은 백군

목 터져라 응원에
흰색 청색 머리띠 두르고
우리는 맘껏 운동장을 누볐지

우리 편이 이기면 환호했고
혹여라도 지면
아쉬워하면서도
행복했던 시절

다시 그런 시절 오지 않겠지만
우리들 마음속에는
벌써 운동회 준비로 한창이다

때 이르게 핀 코스모스를 보며
내일의 운동회를 준비하고 있다
행복한 시간을 기다리고 있다

코스모스는
그때를 기억하고 있다
왁자지껄 해맑던 그때를…….

야생화(野生花)

내 이름 묻지 마세요

나는 당신이
그냥 무심코 지나쳐 갈
야생화일 뿐이니까요

진한 향 화려한 색
장미에 백합들만 꽃이던가요?
나에게도 매력 있어
벌과 나비 찾아오더이다.

나는 야생화입니다

밤새 내린 이슬 품은 나
가만히 들여다보세요.
소박하고 싱그럽답니다.

혹여 발품이라도 나오시어
길가에 핀 나를 보신다면
아기자기 정겨움에
분명 기뻐하실 것입니다

진한 향 없어도
마음 행복하실 거며
언제나 그 자리에 내가 있었음을
당신은 오래도록 기억하실 겁니다.

이름 굳이 묻지 않으셔도,
서운해 하지 않을 것입니다

나는 그냥 야생화일 뿐이니까요.

개구리 뜀뛰기 경주

앙증맞은 청개구리
폴짝 뛴다.
에계~!
바로 코앞이다

뛰어야 벼룩?
아니지
이놈은 개구리였지

다음으로
참개구리 풀쩍 뛴다.

오호~!
제법 멀리도 뛰었다
너 역시 개구리 맞구나

덩치는 좀 커야 하나 보다
요놈을 잡으려고
어릴 적 무척이나 애썼었는데…….

또 한 놈

이놈 덩치는 얼마나 큰지
황소만 한 놈이로다.

이놈이
한 번 뛰니 아예 보이질 않네
축지법이라도 썼나?
참으로 대단한 놈이로구나.

호랑이 장가가는 날

멀건 하늘에 비가 온다.
호랑이 장가가나 보다

옛날에 우리 엄마
멀건 하늘에 비 내리면
"호랑이 장가간다" 셨다

오늘도 호랑이는
벌써 두 번째 장가를
가는 중이다

호랑이는 좋겠다
하루에도 몇 번씩
장가를 가니
참 좋겠다

나도 그러면 안 될까?

그랬다간 마누라한테
콩타작 당하고
보따리 들려 쫓겨나겠지?

아서라
밥이라도 제대로 얻어먹고 살려면.

비행운(飛行雲)
— 칠판 위에 낙서는 누가 했을까?

누가 그어 놨을까?

깨끗이 닦아 놓은 남청색 커다란 칠판에
한 줄로 찌익~
글인가 낙서인가 분필 자국 선명하다

새벽녘에 누가 와서 그어놨을까?
궁금증은 더해 가는데
꽁지부터 스물스물 지워져 간다

부리나케 그어 놨다가
혼날까 무서워 지우고 있나 보다

덥다 덥다 덥다

덥다 덥다 덥다
더워도 너무 덥다

이마의 여름열매
따내도 따내도
어찌나 많이 열렸는지 굴지를 않고

덥다 덥다 덥다
저놈의 매미는
오늘따라 와 저리 시끄럽노!

덥다 덥다 덥다
더워도 너무 덥다

에어컨은 돌아가나?
창문 틈 바람은
다 오데로 출장갔나?

켜놨던 티비
껐는데도 열 나네
이놈이 더위 먹었나?

덥다 덥다 덥다
더워도 너무 덥다

올 여름 여름열매 농사는
따도따도 계속 따내니 풍년이구나
냉장고 속 냉수는 휴가를 갔나?

그 많던 비는
오데로 이민 갔나?
다시 좀 오모 안되나?

여름은 따글따글 볶아야
제맛이라지만
더워도 너무 덥다

우~~ 덥다

우리는 혼자일까?

유난히 맑은 바닷가 밤하늘 아래서
나는 고민에 빠진다

갈릴레이 갈릴레오도
아인슈타인도, 스티븐 호킹 박사며
수많은 영재들이 고민했음직한
그런 고민에…….

우리 은하에만도
별은 3,000억 개가 있단다.

행성은 1,000억 개며
지구처럼 돌로 된 행성만도
무려 500억 개란다

이 많고 많은 별들 중에서
우리처럼 인지능력을 갖춘 생명체가
우리 뿐일까?

거기다가 은하의 개수는
무려 2,000억 개라는데

우리와 같은 생명체가 우리 뿐일까?
우리는 과연 혼자일까?

우리는 그들을 찾을 수 없을까?
그들은 또 우리는 언제쯤 찾아올까?

태양계를 벗어나
성간 공간(星間空間) 여행 중인 보이저 2호는
언제쯤 그들을 찾았다고 연락해 올까?

이런 저런 고민에 한참을 바라보던 밤하늘
불현듯이 생각나는 이름 하나
"삼순이"

저 하늘 어딘가에는
반짝이는 별이 된 삼순이도 있겠지?

칠월 칠석(七月 七夕)

은하강 건너 서로 나뉘어
간절한 마음 따스한 온기도
나누지 못한 가슴앓이 1년

고대하고 기다리던
오작교 놓이고
견우와 직녀 나누는 회환

억누름의 눈물이
마르기도 전에
다시 헤어져야 하는
슬픔이 밀려온다

갈 길 바쁘다
종종걸음 앞서 달아나는 초승달 따라
둘은 또 떨어지지 않는
발걸음 옮기니

이제 가면
다시 기나긴 1년

은하강 양끝에서 건네다 봐야만 할 뿐
약속된 날이 아니면 만날 수 없는 운명

북받치는 눈물 소매로 훔치고
뒤돌아보고 또 돌아보지만
아쉬운 그림자는
자꾸 멀어만 간다.

등대지기

명멸하던 별들조차 잠들고
혼자 된 조각달
서녘으로 발길 옮기면

밤새워 밤바다 지키던
등대지기
한없이 무거운 눈꺼풀 부비며
기지개를 켜본다

동쪽 수평선 너머
떠올랐던 태양
서편 섬 뒤로 내일 기약하고
수면 위 땅거미 내려앉으면

바닷새 잠든 밤 다시 오리니
나는 또 밤바다 지켜보며
별을 헤리라

고독은 저만치 가거라.

밤이면 금은가루 뿌려
길 밝혀 주는 달이 있어
적적치 않고

먼 곳 이국땅 가노라고
기적 울려 안부 전하는
배가 있어 좋지 않더냐?

백두산(白頭山)

45억 살짜리 지구에
해발고도(海拔高度) 8천 미터가 넘는 고산(高山)이
무려 14개씩이나 있단다.

그런 높고 높은 산
우리한테는 없어도
민족(民族) 대대로 숭배한 영산(靈山)
2,744미터짜리 백두산(白頭山)은 있으니

금단(禁斷)의 땅에 있어
맘대로 갈수 없고 만나기 어려움에
한없이 아쉽고 아쉬울 따름이지만
언젠가는 꼭 한 번 오르리.

한라산(漢拏山)이며
지리산(智異山) 설악산(雪嶽山)이야
이미 다 가보았으니
백두산(白頭山) 갈 준비는 다 되었고
언젠가는 꼭 오르리.

소낙비 내리던 초여름 토요일 오후

150미터짜리 남산(南山)도
숙이랑 거뜬히 갔었는데
그까이꺼 못 가랴?

소풍

앞서거니, 뒤서거니
꼬마들 소풍 간다.
아스팔트 포장길 따라
줄지어 소풍 간다

예전에 우리도 소풍을 갔었지
흙먼지 풀풀 나는
자갈길 신작로 따라

어머니 정성 담긴 계란말이 반찬
도시락 손에 들고
소풍을 갔었지

25원짜리 사이다 한 병에
5백환 동전 하나면
그걸로 족했고
행복한 소풍이었지

요즘 저 아이들 도시락 속엔
뭘 쌌을까
지나간 시간이
새삼 그리워진다.

섬향나무

마당 한 가운데
하얗게 눈을 뒤집어 쓴
섬향나무.

순희의 통통한 얼굴 같기도
정이의 소담한
젖무덤 같기도 하구나

이 눈 그치면
매화나무 마른 가지에
봄 움 찾아 돋고

사랑은 더디지만
또 그렇게 피어 오겠지.

제 4 부

내마음속 고향(故鄕)과 조국(祖國)

거꾸로 봐야 할 세상

거짓말 잘하는 놈이 인정 받는
아이러니한 세상
죄지은 놈 죄 없다 우기면
종자(從者)들 발광하는 세상

물구나무라도 서서
세상을 바라봐야겠다.

나쁜 짓 한 놈 뻔뻔스레 살아가고
아무 잘못 없는 놈
멀리 떠나야만 하는
잘못되어도 한참 잘못된 세상

번지점프라도 하면서
세상을 거꾸로 매달려 봐야겠다.

우리네 세상이
어쩌다 이 지경까지 이르렀는지
이렇게 망가졌는지
생각해 봐야겠다.

거울 하나 들고 거울 앞에 서서
거울에 비친 내 뒷모습이라도 봐야겠다.

대한민국의 청년들에 告함

대한민국의 청년들아!

이 나라가 너희들만의
나라가 아니듯
나의 조국 나의 나라이기도 한데
이런 나라가 많이 병들어 있음에
안타깝기 그지없단다.

이 나라의 미래는
너희들만의 전유물도
또한 나만의 전유물도 아니니
같이 나누고 누려야 할
축복일 것이 아니더냐?

대한민국의 청년들아!

그런데도 너희들은
내 나라 너희 조국이
어떻게 되든 말든
무감각하더란 말이냐
도무지 이해가 가지 않는다.

지난 시간
망가져 가던 내 나라 너희 조국을
누군가 떠맡아
반듯하게 하려고 하는데도
청년 너희들은 관심조차 없더란 말이냐
또한 안타깝구나.

대한민국의 청년들아!

이제 너희들이 나서야 할 때다
병들어 곪아터진 곳은 치유하고
망가져 부서진 곳은 바르게 되도록
너희들이 발 벗고 나서라
나는 너희들의 애국 혼을 믿는다.

내 나라 너희 조국이
대대손손 영원하도록
너희들의 올바른 사고로
그 열정을 다 해주길 기대한다.

대한민국의 청년들아!

무궁화

간밤에 무던히
비가 많이 내렸던데
길가 가장자리
무궁화는 곱게 곱게 피었다

백단심계 홍단심계에
청단심계라
배달계 아사달계도 피었구나.

그 중에도
백단심계가 제일이니

어엿하고 빼어난 기품
누구도 따를 수없는
과히 천하일색이로고

마음 가다듬고
옷매무새 새로이 하여
오래오래 간직코자 사진 찍는데
바람이란 놈이 훼방이다

그래도 내가 누군가
기어코 한 장 사진으로 담았으니

귀한 꽃잎 비바람에 젖고
이리 저리 찢길 일은
다시 없으리…….

泗州千年

北으로 鳳鳴에 多率寺라
茶香 드높고
端宗 世宗 胎室 계시니
明堂精氣 흐르는 곳이로다

南으로 臥龍에 靑龍寺라
背山臨水 風水이니
人心좋은 사람들
代代孫孫 살아가네

오래전 高麗玄宗 枉臨하셔
이 곳 泗水 사랑하시고
豊沛之鄕 "泗州" 칭하시니
그 이름 끊임없이 오늘에 이르렀구나.

千年만 살렸던가?
子子孫孫 後孫들도
이곳 사랑 살아갈지니
또 다시 千年이라.

자식이 아이 낳고
아이 또한 父母되리니
永遠無窮 이어질 져
泗州萬年 無色할 것이고

近年들어 宇宙航空
世界로 發源하니
이 또한 祝福이라
온百姓 이곳에서 安住하리라

* 泗州 : 慶尚南道 泗川市의 옛 地名 : 古書나 歷史書 등에 史勿 , 思勿 , 泗水 , 泗州 , 泗川으 로 表記되어 있는 것은 泗川의 옛 地名을 나타내는 거구나 하시고 이해하시면 됩니다

百濟古都 扶餘의 슬픔

百濟中興 聖王遷都
古都 扶餘라

扶蘇山城 皐蘭寺에
三天宮女 落花岩 이며
白馬江이란다

찬란한 文化香氣
오늘에 이르러 後代에 남기니
오가는 발길 끊이질 않으나
扶餘는 슬프거니

휘돌아 흐르는 江은
예나 지금이나 변함없건만

당나라장수 蘇定方
낚싯대 하나로
百濟王을 사로잡았다는
치욕스런 傳說서린 釣龍臺

하필이면 그 江 이름하여
白馬江이라
슬프지 않을 수 없고
슬퍼하지 않을 수 없음에랴

이 치욕과 아픔, 이 슬픔을
百濟後孫들은
아는가 모르는가?

오늘도 그 江은 유유히 흐르고
내력 아는 나그네
마음 착잡하다

죄지은 자 온백성의 벌 받으리

中國 三國時代
천하의 역적 曹操가
天子 방패 삼아
조정 주무를 때
허창에 황금새장 지었으니
새장 안의 한 마리 새는
天子였고

새장 안의 힘없는 새
天子는
허울뿐인 皇帝였으니
曹操는 기고만장하지 않았던가?

말년엔 千秋大業 고사하고
비참하게 죽으니
기껏해야 權不十年이요
花無十日紅이니
달도 차면 기운다 하지 않았던가?

우리네 세상
가진 자 그 부귀 얼마나 가며

국민이 잠시 부여한 작은 勸力
하늘이 내린 것으로 착각
氣高萬丈 無識한 자들
알량한 그 權勢 누린들
또 얼마나 가리

이제라도 바른 마음
온 백성 위해 誠心 다한다면
용서 받을 수 있을 진데
그러기엔 너무 늦은 것 같고

다만
온 백성의 벌이나마 달게 받고
남은 생 바르고 正直하게 살아가기를…….

* 의회의 권력을 무한한 것으로 착각한 자들 참으로 한탄스럽다, 국민보다 위에 있는 권력으로 착각하며 오만방자한 자들, 모두 벌 받아야 마땅할 것.

청년아!

청년아!
지나간 어제는
싹 다 잊어라

부끄러웠던 오늘도 지워 버리자
우리한테 중요한 것은
다가올 아름다운 미래뿐이다

잊고 싶은 어제를 가슴에 담아둔들
그게 무슨 소용이리.

된장 간장이야
오래 묵혀야 진 맛이라지만
고름 아깝다 두어도
살 되지 않는다더라.

오늘 해가 지고 나면
내일 또 태양은 떠오른다

아쉽다 한탄하지도 말고
꽃이 피면 열음 맺듯이

어제보다는 나을
내일만 생각하여라

다만
당신들 어버이의 나라가
진정 행복하게만 하여라
그렇게 만들어 가는 것은
이제 당신들의 몫이다

청년아!
청년아!

뿌리

무에 뿌리가 있듯
사람도 뿌리가 있어야 하고

우주의
별 태양 달 또한
어느 때인가는 죽듯

우리 사람도 어느 때인가는
삶을 마감하게 될 것이므로
거두어 줄
뿌리가 있어야 당연한 것 아닌가

그런 소중한 뿌리를 모르는
얼빠진 인간들
이들은 도대체
어느 나라의 족속들일까

반만년 유구한 역사 속에서
도도한 강물처럼 끊임없이 이어 온
뿌리를 부정하는 자들
도대체 어느 족속의 자손들일까

역사는 책임지는 자들의 것이라고
말하고 있지 않는가?

그런데도 뿌리를 부정하는 자들은
훗날 역사에 대하여
어떻게 책임질 요량인가

자유롭고 평화로운 유전자 가진
조국(祖國)의 뿌리를 깡그리 부정한 책임
어떻게
어떻게 책임질 요량이더란 말이냐

어리석고 우매한 자들아
역사 앞에
너네들의 후손들 앞에
부끄럽지 않을 자신이 있다면
그렇게 하라

대한민국인들이여 반성하며 살자

흔히 "코스모스"라 하는 우주에는
2,000억 개의 은하가 있고
그 중에 왜소은하라는 우리은하에 만도
무려 3,000억 개의 별이 있단다.

이뿐인가

그 수많은 별들 중에서 지구라는 별은
작은 항성에 속하고
태양의 109분지 1밖에 안 되는 작은 별
백사장의 한낱 모래알보다도 더 작은 행성

"코스모스"에서 [칼 세이건] 박사는
우주를 여행 중인 [보이저1호]가 찍은
작은 모래알보다도 더 작은 별 지구를 가리켜,
"창백한 푸른 한 점(pale blue dot)"이라고 했다

광대한 우주에
너무도 왜소한 작은 푸른 한 점 지구

그 작음 속에 다시 180여 나라가 나뉘어
지지고 볶고 있고

여기에 더하여
러시아나 미국은 그렇다 치더라도
중국 땅의 96분지 1정도 밖에 안 되는 나라

대한민국은 또 남과 북, 좌우로 나누고
죄지은 놈 죄 없는 놈까지 나뉘어
아웅다웅 소란하다

인간이 잘났으면 얼마나 잘났을까?
또 못났으면 얼마나 모자라서 못났나?

저 들판에 핀 한낱 잡초보다도 하찮은 존재
백사장 한 점 모래알 보다도
빈약한 존재 아니던가?
그런 존재임을 망각했더란 말인가?

한 뼘 땅이 더 있으면 뭐하고
한 푼 돈이 더 있으면 또 뭐하리

서로가 서로를 보듬고 사랑하고 기대면서
살아갈 수는 없는가?

서로가 서로를 기만하고 악다구니하고
못 잡아먹어서 안달하지 않으면 안되는가?

기껏 살아야 백 년도 못 살다 가는 것을
그 찰나의 시간에 뭐가 그리도
욕심을 부리게 한다는 말인가

아서라~ 인간들아!

다 부질없는 짓인 것을
잘못됨은 반성하고
철저히 자신을 되돌아 보거라

지나고 나면 다 부질없는 헛된 것을
굳이 더 갖겠다고,
더 하겠다고 욕심 부리지 말거라

각자의 직분에 맞게 오늘을 살고
그것에 만족하며
내일을 위한 오늘의 업보에
반성하면서 살자

제5부

창밖의 시선(視線)

앰뷸런스

빗길
4차선 넓은 국도를
신호마저 무시하고
앰뷸런스 바쁘다

또 누가 아픈가?
시급을 다투는 응급환자라도?
그도 아니면…….

내로라며 거들먹거리는
어느 못난 작자가
공용물 사용 중인가?

그럴 일이야 있으랴만
참으로 위험천만이다.

등급인생

집 근처
체육시설 가장자리 산책로
이 꽃 저 물방울 살피느라
두리번거리며 가는 길목

아주머니 두어 분 서서
두런거리는데
한 아이는 내신 3등급을
받았나 보다

꽤나 만족스런 등급은 아닌 듯
내뱉는 말이
그다지 상냥한 어조는 아니다

아마도
아마도 1~2등급은 받았으면
하는 요량처럼…….

어느새 우리 세상이
등급세상이 되었나?

옛날에 우리 어릴 적엔
열심히 잘한 놈은 잘한 대로
좀 모자란 놈은 모자란 대로였건만

이제는 잘하고 못함이
등급으로 매겨지다니…….

참 서글픈 세상이다

동무생각

하늘은 어둡고
별은 다 어디로 갔으며
달마저 보이지 않는다.

바람 한 점 없어
밤공기 갑갑하니
장마라도 시작될 모양인가 보다

이 여름에 내 친구 성민이는,
어떻게 지내고 있을까?
경영한다던 영화사는
잘 운영되고 있을까?

힘겨운 불경기에…….

어쩌면 낡고 진부한 이념 따위로
가장 아끼던 불알친구 너를
단호하게 의절했던 나

벌써 세 해가 지나가는 구나
지금은 무얼 하며
내 생각은 하고 있을까

昊村은 또 무얼 하나?
나보다 먼저 글로써 등단했다고
자랑삼아 으스대고 뻐겼어도

언제나 내 생각 많이 해주던
정겹고 기특한 녀석
많이들 보고 싶은데…….

다들 무얼 하고 있나?
언제라도 시간 된다면
간만에 귀인 만난 듯
소주 한잔 기울이세

보고 싶다 동무들아!

과유불급(過猶不及)

새벽 짙은 이슬에
보물 있나 싶어
여기저기로 허리 굽혀 살펴보니

오호라 횡재하였다

참으로 이쁜 물방울반지
하나로 만족치 못해
휘~둘러보니 두 개로다

눈으로 보기에는 너무 아까워
사진으로 남기려 다가앉으니
참으로 곱구나.

쪼그리고 앉아 초점 맞추고
이리 저리 움직여
겨우 눈 맞춤 했건만
아뿔사!
팔 끝에 "톡" 떨어져 내린다.

대강이라도 담아올걸.
너무 욕심이 과했나 보다
과유불급(過猶不及) 이라했던가

오! 허망함이여!

歲月流水

한 달여 전
무논 갈아 써래질 하더니
어느새 빈 논을
모가 가득 채웠고

밤이면 개구리가족 합창
한 동안 이어졌음에
세월 가는지조차
몰랐구나!

이른 아침 나선 길
벼 잎에 내려앉은 이슬에

친구삼아
도란도란 이야기 나누려
논둑에 발을 멈춰 서는데

모가 논에 꽂혔을 즈음
애네들은 겨우
종아리 아래
머물러 있었건만

어느새 이렇게
자랐더란 말인가

훌쩍 자란 벼가 못 미더워
키재기 해 보니
무릎 넘어 허벅지를 넘본다.
어느새 이렇게?

조만간 이놈들
허리까지 껴안으며
내로라하겠다.

세월 참 빠르구나!
歲月流水라 했던가?

chatGPT

어려운 말로
프로토타입 대화 형
인공지능 챗 봇이라는데.

전 세계 2억여 명이나 되는
인간들이 열광하며
사이비종교 교주처럼
떠받들고 있단다.

제아무리 똑똑한들
창조주는 인간 아니던가?

그래놓고는
창조주가 피조물을
신처럼 추앙하고 있으니
아이러니도
이런 아이러니는 없다.

인간들이
어쩌다 이 지경에 이르러

한없이 망가져 가는지
슬픈 현실이다

이러다가
창조주가 피조물들에 복종당하는
그런 날이 들이닥쳐 오지 않을까

심히 우려되는 건
비단 나 혼자만의 오지랖은 아닐 터

아! 우울한 마음이
여름날 장맛비처럼 나리는 겨울비에 짓눌려
한없이 어두운 나락으로
곤두박질쳐 간다.

나는 그대의 그림자입니다

그대
떠오르는 태양을 보면
가슴이 벅차오르나요?

나도 그대처럼
환희가 밀려온답니다.

그대
저녁노을 붉은 석양을 바라보면
무슨 생각을 하나요?

나도 그대처럼
그리움이 밀려온답니다.

그대
밤하늘의 별을 보면
어떤 상상을 하시나요?

나도 그대처럼 별을 보면서
망부석되어 그 자리에 있는 상상을 한답니다.

그대
동녘에 떠오르는 달을 보면
무슨 소원을 말하나요?

나도 그대처럼
영원히 함께 하고 싶다 말할 겁니다.

그대
새벽녘 서쪽 하늘로 지는 달을 보면
안녕 대신 그리울 거라 말하려 하나요

나도 그대처럼
안녕이란 말은 하지 않을 겁니다.

나는 영원히
그대의 그림자이니까요.

밤에 타는 KTX

난생처음
KTX라는 기차를 탔다

아이들의 극성에
마지못해 타긴 했으나
편하고 빠르니
좋기는 하더라.

과거 기차는
비둘기호에 통일호
무궁화호에
새마을호 정도였지

중에서도 비둘기호는
곳곳을 다 들러서
서고 내리고
또 타고

강 하나 건너면
말씨도 모습도

풍경도 달라지니
여행 맛이 제대로 났었는데

밤길 쌩하니
웅웅웅 차그덕 차그덕

기관차 소리 바퀴 소리만 내고
풍경 하나 없이 내달리는
이놈의 기차는
좋기는 한데 맛이 없구나

제대로 익지 않은
신건지처럼…….

사람이기 때문에

어제가 오늘이었으면
합니다
내일이 또
오늘 같았으면 합니다

머피의 법칙(Murphy's law)처럼
안 좋은 일도 연속일 수 있는데
단 한 번의 행운도 연속된다면
얼마나 좋을까요?

그렇지만
행운이라는 것이
단 한 번만 오는 것이니
아쉬울 수밖에요

어쩌다 한 번 연락이 와도
두근거림은 어쩔 수 없고
나르는 듯 발걸음 가벼워지니
나도 참 경망스럽답니다.

나도
석가나 예수
도공 높은 신선이 아닌
사람이기에…….

무명시인(無名詩人) 글을 써 가다
나는 오늘도
싱겁고 맛없는
글을 쓴다.

비록 이름 없는 시인이지만
글쟁이라는 티를 숨기지 못해서

나는 내일도
글을 써가고 있을 것이다

언젠가는 멀리 뛸
올챙이의 번지점프라는
희망을 위해서

올챙이 개구리 되어
멀~리 뛸 수 있는 그날까지
최선을 다해서 써 가리라…….

세태(世態)

친구들은 나한테 말한다

너만은 시류(時流)에 휩쓸리지 말고
참 글을 쓰라고
세속(世俗)에 얽매이지 말고
티 없이 쓰라고

세태(世態)가 묻으면
그 글은 이미 죽었고
맛이 없으니
차라리 그럴바엔 쓰지 말라고

기교(技巧)도 부리지 말고
포장도 하지 말며
덧칠도 하지 말고
마음 가는 대로 써 내려가라고
엄중히 요구한다.

너무 무거운 짐을 준다
내가 해낼 수 있을까?
내가 무슨 재주로?

감동이란 어떤 걸까?
울림은 어떤 것이며
꾸밈이 없다는 것은 어떤 걸 말하는 걸까??

내 스스로에게 물어봐도
가슴은 대답이 없고
머리는 지끈거려온다

세태(世態)란 무엇일까?
세태가 아닌 건
또 무엇일까?

그 답은 언제쯤 내게 찾아올까?
답답하고 답답하다

甲辰년 1월 어느 날
홍기은

문학세계대표작가선 1008

이름없는 詩人의 外出 — 올챙이의 번지점프

홍기은 시집

인쇄 1판 1쇄 2024년 2월 21일
발행 1판 1쇄 2024년 2월 28일

지 은 이 : 홍기은
펴 낸 이 : 김천우
펴 낸 곳 : 문학세계 출판부 / 도서출판 천우
등 록 : 1992. 2. 15. 제1-1307호
주 소 : 서울시 광진구 구의강변로 85 강우빌딩 7F
전 화 : 02)2298-7661
팩 스 : 02)2298-7665
http://cafe.naver.com/chunwu777
E-mail : cw7661@naver.com

ⓒ 홍기은, 2024.

값 15,000원

* 도서출판 천우와 저자의 서면 동의 없는 무단 전재 및 복제를 금합니다.
* 저자와의 협의에 따라 인지는 생략합니다.

ISBN 978-89-7954-918-8